サンリオキャラクターの
グルーデコ

【 本格アクセサリー & 小物 】

一般社団法人
日本グルーデコ協会
監修

Mates-Publishing

PROLOGUE
はじめに

ハンドワークの新しいジャンルとして、
多くの方に親しまれているグルーデコ®。
手軽にクオリティの高いアクセサリーや小物をつくることができ、
日々、様々なアイデアのアイテムが生まれています。

その中でも「サンリオキャラクターをモチーフにしたグルーデコ®をつくりたい！」
「はじめてでも、簡単につくれるアクセサリーや小物を知りたい」という声が
たくさん寄せられています。

そこで本書ではグルーデコ®らしさと、
サンリオキャラクターの魅力が伝わるような
アイテムをたくさん紹介しています。

また、本書ではグルーデコ®にはじめて触れる方でもつくれるように、
準備する道具や素材、そして基本的なテクニックを解説しています。

「オリジナルのグルーデコ®づくりをもっと楽しみたい」という方には
アイテムづくりの参考用に
サンリオキャラクターのイラスト集も掲載しています。

かわいいアクセサリーや小物がつくれるグルーデコ®を、
ぜひ一緒に楽しみましょう。

CONTENTS

002 はじめに
004 GALLARY

● CHAPTER 01　グルーデコの基本

014　基本の材料①グルー
016　基本の材料②ベース類
017　基本の材料③パーツ類
018　基本の道具

020　基本のテクニック①グルーの扱い方
022　基本のテクニック②チャトンの扱い方
024　基本のテクニック③金具の付け方
026　基本のテクニック④グルーの混色

028　BASIC 01　平面のデコレーション×ペンダントトップ
032　BASIC 02　立体のデコレーション×ボリュームリング
036　BASIC 03　フリーセッティングのデコレーション×クッキーヘアピン
040　BASIC 04　ボールのデコレーション×ジュエルボール

● CHAPTER 02　ハローキティ

046　ITEM 01　リボンペンダントトップ
048　ITEM 02　リボンリング
050　ITEM 03　リボンバレッタ
052　ITEM 04　ピンバッジ
054　ITEM 05　キャンディピアス
056　ITEM 06　イニシャルロゴ
058　ITEM 07　キティ＆ミミィのピアス
060　ITEM 08　ハローキティのシルエットアクセサリー

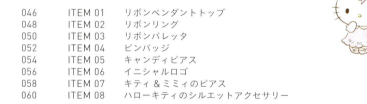

● CHAPTER 03　マイメロディ

064　ITEM 09　スマートフォンカバー
066　ITEM 10　マイメロディのコンパクトミラー
068　ITEM 11　フラワーカチューシャ

● CHAPTER 04　リトルツインスターズ

072　ITEM 12　ボールピアス
074　ITEM 13　ヘアゴム
076　ITEM 14　ロンデル
078　ITEM 15　ペンアクセサリー

● CHAPTER 05　その他のキャラクター

082　ITEM 16　ぼんぼんりぼんのブローチ
084　ITEM 17　パティ＆ジミーのブローチ
086　ITEM 18　シューレースチャーム

088　バリエーションアイテムレシピ集
091　下絵参考用イラスト

003

HELLO  KITTY

ハローキティ

キティの特徴の1つである赤いリボンをはじめ、小物やおともだちをモチーフにしたアイテムで華やかさと"大人かわいい"を演出します。

ハローキティの
ペンダントトップ

HOW TO MAKE >>
P.028.046.088

リボンリング

HOW TO MAKE >>
P.048

ハローキティの
ジュエルボール

HOW TO MAKE >>
P.040

ピンバッジ

HOW TO MAKE >>
P.052.090

キャンディピアス

HOW TO MAKE >>
P.054

ハローキティの
アクセサリー

HOW TO MAKE >>
P.060、089

キティ&ミミィの
ピアス

HOW TO MAKE >>
P.058

リボンバレッタ

HOW TO MAKE >>
P.050

イニシャル
ロゴ

HOW TO MAKE >>
P.056、089

マイメロディ

マイメロディらしいかわいらしさに
エレガントなエッセンスをプラスして、
普段使いのしやすいアイテムに。

**マイメロディの
コンパクトミラー**

HOW TO MAKE >>
P.066

スマートフォン
カバー

HOW TO MAKE >>
P.064

パール
ボリュームリング

HOW TO MAKE >>
P.032

フラワー
カチューシャ

HOW TO MAKE >>
P.068

LITTLE TWIN STARS

リトルツインスターズ

パステルを基調としたキキとララの2人の
イメージカラーを取り入れて
カジュアルで遊び心のあるアクセサリーに。

ヘアゴム

HOW TO MAKE >>
P.074

ロンデル

HOW TO MAKE >>
P.076

ボールピアス

HOW TO MAKE >>
P.072

ペンアクセサリー

HOW TO MAKE >>
P.078

クッキーヘアピン

HOW TO MAKE >>
P.036、088

BONBONRIBON

ぼんぼんりぼん

ぼんぼんりぼんの
ブローチ

HOW TO MAKE >>
P.082

PATY & JIMMY

パティ&ジミー

パティ&ジミーの
ブローチ

HOW TO MAKE >>
P.084、090

CINNAMOROLL

シナモロール

シューレースチャーム

HOW TO MAKE >>
P.086、090

CHAPTER

01

BASIC OF GLUEDECO

グルーデコの基本

グルーデコ®をつくるのに必要な道具や材料を紹介します。
またグルーデコ®に欠かせない基本的なテクニックや道具の取り扱い方、
平面、立体、ボール、フリーセッティングのつくり方を解説します。

Basic materials_1
Glue

基本の材料 1 >> グルー

B剤 ………
A剤 ………

グルーって何？

グルーとは接着力の強いエポキシ系の接着樹脂粘土のことで、この素材を使用して様々なアクセサリーや雑貨をつくるハンドクラフトを「グルーデコ®」といいます。グルーは金属・ガラス・プラスチックなどに接着できるので、自由度が高くイメージ通りの作品がつくれます。硬化するとプラスチックのように硬くなり、ペンダント、リング、その他様々なものを美しくデコレーションでき、手軽に短時間でクオリティの高い作品ができるのが特徴です。※本書では「wGlue®」を使用しています。

グルーの特徴は？

1 A剤とB剤を混ぜると硬化がはじまる

グルーはA剤とB剤がワンセットになっています。同量ずつを3～4分ほど混ぜ合わせると、硬化がはじまります。約1時間半で硬化し、2時間を超えるとチャトンやパーツを接着できなくなります。24時間経つと完全に硬化します。

A剤：1g   B剤：1g   2g

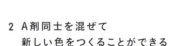

2 A剤同士を混ぜて新しい色をつくることができる

A剤同士を混ぜた場合は硬化せず、新しい色のA剤になります。それを利用して、様々な混色をつくることができます。色と分量によって、無限に近いバリエーションの色を表現できます。※詳しくはP26を参照してください。

使用上の注意

- グルーはエポキシ系樹脂粘土のため、体質によってはかぶれる場合があります。万一異常がありましたら医師にご相談ください。
- お子様が誤飲されないよう手の届かないところで作業・保管してください。
- グルーを使用する際は使い捨て手袋を着用し、部屋の換気をしてください。
- 長時間の作業はお勧めできません。
- 不純物を混ぜるとグルーが不安定なままになるのでやめましょう。
- グルーは硬化するとなかなか取れません。作業終了後は服や作業場所、床などに付着していないか確認し、道具を使用後は必ずアルコール入りウェットティッシュで拭いてください。
- グルーは、直射日光を避け、涼しい場所に保管してください。

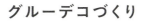

グルーデコづくり
基本の 3 STEP

STEP 1

グルーのA剤とB剤を混ぜる

A剤とB剤を使用する分だけ取り出して、同量ずつ3~4分ほどよく混ぜ合わせます。2色以上のグルーを混色すれば、様々な色のグルーをつくることができます。

STEP 2

グルーを整えてベースに置く

よく混ぜたグルーをリングやミール皿などベースとなるものに丸めて置き、ベースの形に合わせて整えます。フリーセッティングの作品は、グルー自体でベースをつくるため、制限なく自由な形につくることができます。

STEP 3

パーツをのせ、24時間経ったら完成

グルーの上にチャトンなどのパーツをのせていきます。つくりたい作品に合わせて、パーツの色や大きさを変え、バランスよく配置しましょう。24時間経ち完全に硬化したら完成です。

Basic materials_2
Base

基本の材料 2 >> ベース類

アイデア次第で様々なものがベースになります。
それぞれ素材やデザイン、カラーがたくさんあるので、
つくりたいイメージに合う材料を探しましょう。

リング
シンプルなリングから台座がついているものなど、様々な形があります。平面的なアイテム、立体的なアイテムがつくれるベースです。

手芸店やパーツ専門店で買えます

バレッタ・ヘアピン
バレッタやヘアピンのベースにグルーとチャトンを置くことでヘアアクセサリーをつくることができます。

ピアス・イヤリング
小さな皿が付いているものやパール付きのものもあります。ピアスのキャッチは別売りでフック式など種類が豊富です。

ミール皿
ミール皿は平らでつくりやすく、UVレジンなどでも使用されます。カン付きのものや、ヘアゴム付きのものなど様々な種類があります。

ロンデル
タイヤのような形の円柱状のベースを指します。単体だけでなく、複数のロンデルを数珠つなぎにする使い方もあります。

ボール芯
ボール型のアイテムをつくるときに芯になる素材です。表面をグルーで包み、その上にチャトンを置きます。

ダイヤレーン（連爪）

チャトンが1つずつはめこまれているチェーンです。縁取りをしたいときや、アクセントに使えるパーツです。

クリスタル

サイズが大きなクリスタル・ガラスです。通し穴が空いているものもあり、アクセントやペンダントトップなどに使用できます。

チャトンのサイズと色について

本書ではスワロフスキー社製のスワロフスキー®・クリスタル チャトンを使用しています。チャトンはPP1（直径0.80〜0.90mm）からSS75（直径17.97〜18.22mm）まで70種類以上のサイズがあり、カラーも200色以上あります。本書では主にPP10、18、24を使用しています。

	PP10 #1028	PP1〜13	PP14〜33 / SS18〜75
	PP18 #1088		
	PP24 #1088	#1028	#1088

パール

コットンを圧縮してパール加工を施した「コットンパール」や、樹脂にパール加工を施したハンドクラフト用のパールです。

ビジュー

フランス語で「宝石」という意味のパーツです。穴の空いていないサイズの大きなものが多いです。石座付きやカン付きなどがあります。

チャトン

グルーデコ®では、主にハンドクラフト用のクリスタルを使用します。チャトンとは、裏面が立体的にカットされたものをいいます。

その他の素材

ビーズ細工やネイルアートに使われるパーツや異素材など使えるパーツは他にもたくさんあります。パーツ専門店で探してみましょう。

ボールチェーン

チェーンにボールが付いたもので様々なサイズがあります。縁取りの飾りやアクセントに使用することが多いです。

Basic materials_3

Parts

基本の材料 3 >> パーツ類

グルーデコ®はスワロフスキー®・クリスタルなどを使用することで、独特のキラキラ感を表現しています。チャトンの他にも本書で使用しているボールチェーンやパールなどを紹介します。

何をつくろうか考えるのも楽しい

金具（ピン・カン・バチカン）

ピンやカン、バチカンなど主にパーツ同士をつないだり、チェーンを通したりするのに使います。

Basic tools
Tools

基本の道具 >> 道具類

グルーデコ®をつくるのに必要な道具を紹介します。
身近な道具だけでつくれますが、バキュームピンセットなど
専用の道具を使えばよりクオリティの高いアイテムをつくれます。

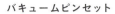

バキュームピンセット
掃除機のようにチャトンを吸引することができるピンセットで、短時間で効率よくチャトンを置くことができます。

ビーズトレイ
チャトンなどのパーツが散らばらないように、作業するときはビーズトレイを用意すると便利です。

アルコール入りウェットティッシュ
余分なグルーを拭き取ったり、道具を拭いてきれいにするために使用するので、つねに用意しておきましょう。

精密スケール
グルーの重さを正確に量るために使用します。0.01g単位で量ることができます。

下敷き・カッティングマット
作業するときは汚れないように下敷きやカッティングマットなどを敷きます。

使い捨て手袋
グルーに直接触れると、体質によってかぶれる可能性があります。ビニールやゴム製（粉なし）の使い捨て手袋を装着しましょう。

ピンセット
ビジューなどの大きなパーツや、ボールチェーンなどをつかむときに使用します。

接着剤
ブローチなどのパーツを付けるときに使用します。

チャコペン
下絵をトレーシングペーパーなどに転写するときに使用します。

クリアファイル
フリーセッティングのアイテムをつくるときに、下絵をはさみます。

粘土用ヘラ
グルーを細かく分けたり、量り取るときに使用します。スプーンなどでも代用可。

ニッパー・やっとこ
カンやバチカンなどをつけるときや、ボールチェーンなどをカットするときに使用します。

発泡スチロール・歯ブラシ置き
ボール状のアイテムなどをつくるときにつまようじを発泡スチロールに挿したり、歯ブラシ置きに立てるとよいでしょう。

ブラスモルド
ボール状のアイテムをつくるときにブラスモルドを使用すると、よりきれいな球体につくることができます。

お家にあるものだけでつくれます

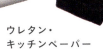

ウレタン・キッチンペーパー
リングベースを固定するときに使います。小さくカットしたウレタンや筒状に丸めたキッチンペーパーをリングに通します。

まち針
チャトンをグルーから取るときなどに、まち針を使用します。

ピアノ線
グルーに跡を付けたり（p34）、バキュームピンセットを掃除したりするときに使用します。

バキュームピンセットの代わりにマジカルペンシルやつまようじでもOK

マジカルペンシル（マジカルピック）を使用したり、つまようじの先端に両面テープを巻くことで、バキュームピンセットの代わりになります。

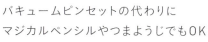

point つまようじの先端に両面テープを巻きつければ、バキュームピンセットの代わりになります。

CHAPTER 01 / BASIC OF GLUEDECO

019

Basic technique_1
Glue

基本のテクニック1 >> グルーの扱い方

グルーデコ®づくりをするときに注意したいポイントを紹介します。グルーは体質によってかぶれる可能性があるので、手袋を着用したり、部屋の換気をするなど取り扱いに注意しましょう。

technique 1　手袋はサイズがぴったりのものを

手袋はぴったりして隙間ができないサイズを着用します。ぶかぶかの手袋では、グルーを隙間に巻き込んでしまうので注意しましょう。

technique 2　グルーはウェットティッシュで拭き取る

グルーが手袋に付着しないように、アルコール入りウェットティッシュで拭きます。手袋を拭くときはゴシゴシとこするのではなく、手のひらにはさんで手袋を湿らせるようにゆっくり拭くと、きれいに拭き取ることができます。

technique 3　グルーはフタ付きケースに保管する

グルーが乾燥しないように、使用しないときはフタ付きのケースに入れて密閉した状態で保管しましょう。

technique 4　ベースのグルーを拭く

ベースにグルーが着いたときは、硬化する前にアルコール入りウェットティッシュで拭き取ってきれいにしましょう。

technique 5　グルーを素手で直接触らない

グルーは体質によってかぶれてしまう人もいます。素手ではなく、使い捨て手袋をはめて作業をしましょう。

technique
6 グルーは手のひらを使って混ぜる

グルーを混ぜるときは、指先を使うと、きれいに混ざりません。手のひらの中央の部分を使って、両手の間で転がすように約3、4分間混ぜましょう。

technique
7 グルーとベースの間に空気が入らないように

グルーをベースに広げるときは空気が入らないようにします。グルーとベースの間に空気が入ってしまうと、内側からも硬化がはじまり、グルーがはがれやすくなります。

technique
8 ムラがないようにしっかり混ぜる

A剤とB剤を混ぜ合わせるときは、ムラができると色が綺麗にでません。ムラができないようにしっかりと混ぜましょう。

technique
9 グルーは丸めて置く

グルーが混ざったら、丸めてベースの上に置きましょう。グルーを丸めずに最初から伸ばしたままでベースに置くと、空気が入りやすくなるので注意しましょう。

technique
10 グルーはなでるように整える

グルーを整えるときは、指の腹の部分でやさしくなでるようにすると微調整がしやすくなります。指先で押すと形が極端に変わってしまうので、やさしく触れましょう。

technique
11 グルーを無駄にしない

ベースなどに付着した余分なグルーは無駄にしないように、粘土用ヘラなどで取ります。混ぜ合わせたあとの余ったグルーも、接着剤代わりに使用することができます。

安全に配慮して作業しましょう

Basic technique_2
Chaton

基本のテクニック2 >> チャトンの扱い方

チャトンの取り方や置き方を紹介します。
バランス良くきれいに置けるようになると、
それだけでクオリティの高いアイテムがつくれます。

technique 1　サイズや色ごとにビーズトレイに入れる

チャトンは小さくて散らばりやすいので、ビーズトレイにサイズや色ごとに分けて出して使いましょう。

technique 2　上側から垂直に取る

チャトンは底面がダイアモンドカットになっており、上側から取るようにすると、グルーに対して垂直に置きやすくなります。

technique 3　チャトンの取り除き方

チャトンの置く位置を失敗したときはまち針をチャトンに引っ掛けて落とすようにすると、きれいに取れます。

technique 4　グルーに対して垂直に置く

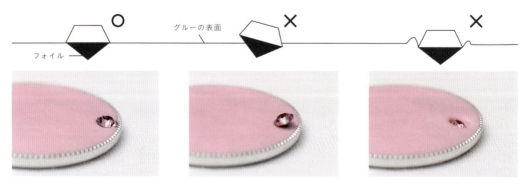

チャトンはフォイル（下側）の部分までグルーに対して垂直に埋めます。チャトンが傾いたままグルーに埋まったり、深く埋まり過ぎないように注意しましょう。

technique 5　ベースの縁からチャトンを配置する

チャトンはベースの縁から配置するときれいに置くことができます。輪郭にそって、一周するように置きます。

外側が全部埋まったら、内側にチャトンを置いていきます。

point ✗

写真のように、チャトンの角度や高さがバラバラになってしまうとチャトンが取れやすく、仕上がりもきれいにならないので、しっかりと置くようにしましょう。

technique 6　バキュームピンセットはこまめに掃除する

グルーやほこりがノズルにたまると、吸着力が弱まったり故障の原因になることがあります。ピアノ線や細いワイヤーなどで掃除をしましょう。

technique 7　つまようじでチャトンを押して高さを統一する

チャトンを置き終わったらフォイル（下側）までしっかりと埋まっているか確認しながら、高さが同じになるようにつまようじでチャトンを押します。

technique 8　24時間硬化後仕上げ磨きをする

24時間経ちグルーが完全に硬化したら、チャトンの表面を仕上げにアルコール入りウェットティッシュで磨きましょう。

正しく配置すればキラキラ感アップ！

Basic technique_3
metal fittings

基本のテクニック3 >> 金具の付け方

カン類やヒートン、ブローチなどを付けることで、
グルーデコ®のアイテムは様々なアクセサリーに加工して使用できます。
ここでは、基本的な金具の付け方を紹介します。

アクセサリーに加工しましょう

technique 1　ピアスの付け方

1　ピアスを付けたいアイテムの裏側に米1粒大ほどのグルーを付けます。

2　ピアスの芯とアイテムをグルーで接着します。

3　グルーが硬化したら完成です。量が多いとはみだすので注意しましょう。

technique 2　カン・バチカン類の付け方

1　丸カンやバチカンの両端をニッパーでつかみ、口を開きます。

2　チェーンやグルーデコ作品を通したら、ニッパーで口を閉じます。

technique
3   ヒートンの付け方

1 つまようじに米1粒大ほどのグルーを取り、穴に入れます。

2 その次にヒートンを穴に入れます。

3 24時間経ち、グルーが硬化したら完成です。

technique
4   ブローチへの加工の仕方

穴からグルーがはみ出さないように！

グルーの量が多いと、ヒートンを入れたときに穴からはみ出してしまうので注意。はみ出したらつまようじで取り除きます。
※説明用にグルーの色を変更しています。

1 作品の他にフェルト、ブローチピン、チャコペンを用意します。

2 作品をフェルトにのせて、輪郭にそってチャコペンで線を引きます。

3 線にそってフェルトをハサミでカットします。

4 フェルトの上にピンをのせて、輪郭にそってチャコペンで線を引きます。

5 線に合わせてフェルトにピンをつけます。

6 ピンに少量のグルーをつけ、作品に重ねてピンをつけます。

7 作品にピンの部分をつけたあと、フェルトに接着剤をつけます。

8 フェルトを作品に接着して、24時間経ちグルーが硬化したら完成です。

Basic technique_4
Glue mixed colors

基本のテクニック4 >> グルーの混色

A剤同士を混ぜ合わせることで、無限に近い色のバリエーションをつくることができます。
ここでは本書で使用している「wGlue®」を使った混色の基本的な考え方と、
サンリオのキャラクターをつくるのにオススメの混色レシピを紹介します。

technique 1 　混色の基本

グルーはA剤同士を混ぜ合わせることで、新しい色をつくることができます。
本書では「wGlue®」を使用しており、そのうち右の色相関図にある「シトリン」「サン」「フューシャ」「インディコライト」「ペリドット」の5色が基本色になります。そして、例えばサンとシトリンの間にある色をつくりたい場合は、それをはさむ2色（この場合はサンとシトリン）を混ぜると、写真のような色のグルーになります。
サンリオキャラクターのカラーを表現するときは、色相関図のカラーをベースにして、白（クリスタル）のグルーを加えていくと良いでしょう。白を混ぜると「楽しい」「さわやかな」「澄んだ」というイメージのライトトーン（パステルトーン）と呼ばれる、明るく澄んだ色になります。さらに白が多くなると「優しい」「可愛い」「淡い」というイメージのペールトーン（シャーベットトーン）と呼ばれる、淡く澄んだ色になります。

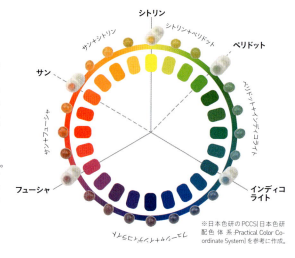

※日本色研のPCCS(日本色研配色体系:Practical Color Co-ordinate System)を参考に作成。

technique 2 　本書で使用する主な混色レシピ

本書に登場する混色のグルーのレシピです。ここに掲載しているのは各色をつくることができる最小量です。
これ以上少ない量を量ることができないため、最小量でA剤を混ぜ合わせて保存しておき、各アイテムに必要な分を量り取って使いましょう。

● リトルツインスターズ

- ピンク　　A：3g（フューシャ：0.5g＋クリスタル：2.5g）＋B：3g＝6g
- パープル　A：3g（フューシャ：0.4g＋クリスタル：2.5g＋インディコ：0.1g）＋B：3g＝6g
- ブルー　　A：3g（インディコ：0.5g＋クリスタル：2.5g）＋B：3g＝6g
- 黄色　　　A：3g（シトリン：0.5g＋クリスタル：2.5g）＋B：3g＝6g

● マイメロディ

- ピンク①　A：2.2g（フューシャ：1.5g＋クリスタル：0.5g＋サン：0.2g）＋B：2.2g＝4.4g
- ピンク②　A：2.7g（フューシャ：1.0g＋クリスタル：1.5g＋サン：0.2g）＋B：2.7g＝5.4g
- ピンク③　A：1.2g（フューシャ：1.0g＋クリスタル：0.1g＋サン：0.1g）＋B：1.2g＝2.4g
- 水色のリボン　A：0.3g（インディコ：0.1g＋クリスタル：0.15g＋ペリドット：0.05g）＋B：0.3g＝0.6g

technique
3　wGlueのカラー一覧

「wGlue®」のカラーは全部で22色あります。
B剤は白く、A剤と混ぜても色の雰囲気を損なうことがありません。
表面をなでることで、きめ細やかで上品な艶のある光沢感を出すことができます。
時間が経っても光沢や色が変わることがないので、
既存のデザインにないオリジナリティあふれる作品をつくることができます。

CHAPTER 01 / BASIC OF GLUEDECO

BASIC 01

平面のデコレーション ✳ ペンダント トップ

VARIATION-2 P.88

VARIATION-1 P.88

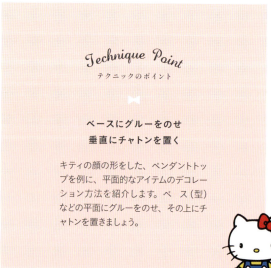

Technique Point
テクニックのポイント

ベースにグルーをのせ
垂直にチャトンを置く

キティの顔の形をした、ペンダントトップを例に、平面的なアイテムのデコレーション方法を紹介します。ベース(型)などの平面にグルーをのせ、その上にチャトンを置きましょう。

DATA ▶ 基本情報

制作時間目安 / 約 **60** 分
難易度 / ♦ ♦ ♦

MATERIALS ▶ 材料

[ベース]

オリジナルベース　ハローキティ 顔あり
（ユザワヤ）

[グルー]

a 顔　クリスタル　　A：1.2g＋B：1.2g＝2.4g
b リボン ライトシャム　A：0.15g＋B：0.15g＝0.3g

[パーツ]

スワロフスキー®・クリスタル チャトン
ホワイトオパール（PP18）×約77粒
ホワイトオパール（PP10）×約25粒
ライトシャム（PP24）×約1粒
ライトシャム（PP18）×約1粒
ライトシャム（PP10）×約10粒

LAYOUT ▶ 配置図・下絵 （原寸大）

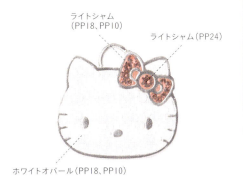

ライトシャム（PP18、PP10）
ライトシャム（PP24）
ホワイトオパール（PP18、PP10）

HOW TO MAKE ▶ つくり方

01

aのグルーのA剤とB剤を同量ずつ量り取り、約3〜4分間混ぜ合わせます。

02

混ざったグルーのうち、少量をつまようじで耳の部分に入れます。

03

グルーを丸めてベースの真ん中にのせ、ベースとグルーの間に空気が入らないように伸ばします。

POINT
厚さが均一になるように整えよう

写真のように、グルーが偏って山のようになっていると、きれいにチャトンが置けないので、均一になるように整えます。

CHAPTER 01 / BASIC OF GLUEDECO

POINT
グルーがはみ出ないようにしましょう

グルーがはみ出てベースの目などを覆わないように注意しましょう。

04

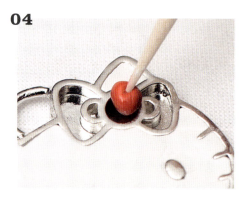

bのグルーを混ぜ合わせリボンの部分につまようじを使って入れます。

POINT
指の腹でなでるように整える

グルーの形を整えるときは、厚さが均一になるように、指の腹でやさしくなでるようにしましょう。

05

グルーを入れ終わった状態です。グルーがはみ出していたり、偏っていたりしないか確認しましょう。

06

ベースにグルーが付着していたら、アルコール入りウェットティッシュで拭き取りましょう。

07

ベースの縁にそって、グルーがはみ出ないようにPP18のホワイトオパールのチャトンを置いていきます。

08

輪郭に沿って外側1周するまで置いていきます。耳の部分にもホワイトオパールのチャトンを置きましょう。

09

内側に、隙間ができないようにバランス良くチャトンを置きます。リボンはライトシャムのチャトンを置きます。

POINT
同じサイズのチャトンがかたまらないように

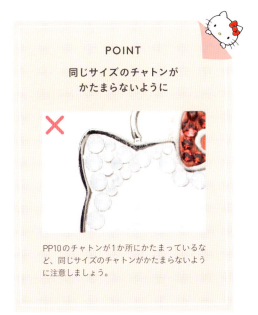

PP10のチャトンが1か所にかたまっているなど、同じサイズのチャトンがかたまらないように注意しましょう。

10

パーツをすべて置き終わったら、つまようじでチャトンの高さをそろえて、指でやさしくなでて形を整えます。

11

24時間経ち硬化したら、アルコール入りウェットティッシュで表面を仕上げ磨きして完成です。

BASIC 02

立体のデコレーション ボリュームリング

Technique Point
テクニックのポイント

**ベースの上に立体的に
グルーを整える**

リングなどのベースにグルーを立体的に整える方法を紹介します。また、チャトンで覆わずにピアノ線を使ってグルーの表面に跡を付けることで、レザーのような質感を表現できます。

DATA ❤ 基本情報

制作時間目安 / 約 **30** 分
難易度 / ♦♢♢

MATERIALS ❤ 材料

[ベース]
ボリュームリング(ユザワヤ)

[グルー]
混色グルー(マイメロディピンク①)
A：1.3g＋B：1.3g＝2.6g

※混色のグルーはP26の混色レシピを参考に最小量をつくった後で、上記の必要量を量り取って使ってください。

[パーツ]
樹脂性穴なしパール1mm
(Wグルーデコ楽天市場店)×13粒

LAYOUT ❤ 配置図・下絵(原寸大)

樹脂性穴なしパール
(1mm)

HOW TO MAKE ❤ つくり方

01

混色したグルーのA剤とB剤を同量ずつ量り取り、約3～4分間混ぜ合わせます。

POINT
ウレタンなどで固定するとつくりやすい

……… ウレタン

リングベースは、ウレタンや丸めたキッチンペーパーに通すとつくりやすいです。

02

混ざったグルーを丸めてリングベースの真ん中にのせます。

CHAPTER 01 / BASIC OF GLUEDECO

03

指の腹でやさしくなでるようにグルーの形を整えます。しわを無くし、光沢感を出します。

POINT
偏らないように注意しましょう

横から見てグルーが偏っていたり、正面から見て左右のバランスが悪かったりすると、きれいなカーブにならないので注意しましょう。

04

リングベースにの形に合わせてきれいなカーブになり、正面から見たときに真ん中が高く左右のバランスが取れていると良いでしょう。

05

ベースに付着したグルーはアルコール入りウェットティッシュできれいに拭き取りましょう。

06

両手を使って作業をするときは、歯ブラシ置きなどに固定するとつくりやすいです。

…… 歯ブラシ置き

07

…… ピアノ線

ピアノ線を両手に持ち、リングの中央からやや斜めの角度でグルーに押し当てます。

08

写真のように、ピアノ線を押し当てることでラインを付けます。

09

グルーが6等分になるように、同様に左右2ヶ所ずつにピアノ線を押し当て、ラインを付けます。

10

反対の角度にも同様にピアノ線を押し当てて、写真のようにラインを付けます。

11

中央にパールを置きます。しっかりと押し込むことで、まわりのグルーが盛り上がるとより立体感が出ます。

12

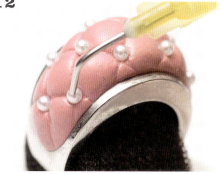

同様に、ラインが交差する点すべてにパールを置いたら、硬化を待ちます。

13

24時間経ち硬化したら、アルコール入りウェットティッシュで表面を仕上げ磨きして完成です。

CHAPTER 01 / BASIC OF GLUEDECO

BASIC 03

フリーセッティングのデコレーション　クッキーヘアピン

VARIATION P.88

Technique Point
テクニックのポイント

ベースを使わないので自由な形につくれます

ベースを使わずに、グルー自体をベースとしてつくるフリーセッティングの方法を紹介します。グルーの形を自由に変えられるので、好きなデザインのアイテムをつくることができます。

DATA 🌸 基本情報

制作時間目安 / 約 **60** 分

難易度 / 💎 💎 💎

MATERIALS 🌸 材料

[ベース]

なし（フリーセッティング）

[グルー]

a ライトコロラドトパーズ
A：1.2g＋B：1.2g＝2.4g
b 混色グルー（リトルツインスターズのブルー）
A：0.3g（インディゴブルー：0.06g＋クリスタル：0.24g）
＋B：0.3g＝0.6g
c クリスタル少量

※混色のグルーはP26の混色レシピを参考に最小量をつくった後で、上記の必要量を量り取って使ってください。

[パーツ]

ヘア金具 国産スリーピン
ニッケル 50mm（貴和製作所）

LAYOUT 🌸 配置図・下絵（原寸大）

HOW TO MAKE 🌸 つくり方

01

コピーした下絵をクリアファイルに挟みます。星は下のクッキー、水色の部分、目や口など3段になっていて、各パーツをつくる際に下絵として使用します。

02

まずクッキーの部分をつくります。aのグルーのA剤とB剤を同量ずつ量り取り、約3〜4分間混ぜ合わせます。

03

混ざったグルーを丸めて下絵の真ん中に置き、星の形に整えます。

CHAPTER 01 / BASIC OF GLUEDECO

037

POINT
粘土用ヘラで整えましょう

粘土用ヘラを使うと、細かい部分も整えることができます。

06

下絵の上にラップを敷きます。混ざったグルーを丸めて下絵の真ん中に置き、青い星の形に整えます。

04

グルーを星型に整えた状態です。

07

グルーを青い星の形に整えた状態です。

ラップ

05

次に水色の部分をつくります。bのグルーのA剤とB剤を同量ずつ量り取り、約3〜4分間混ぜ合わせます。

08

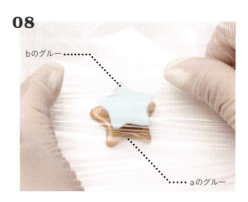

bのグルー

aのグルー

bのグルーをラップごとひっくり返し、aのグルーの上に、bのグルーを重ねて置きます。

09

指でやさしくbのグルー表面をなでたら、ラップを勢いよくはがし、aのグルーの上にbのグルーを貼り付けます。硬化前に目や口の部分を付けると、崩れやすくなるので、一度24時間待ち硬化させます。

10

24時間経ち硬化したら、c（クリスタル）のグルーを少量混ぜ合わせて、下絵を参考に目と口、光沢の部分をつくります。

11

パーツを全て付けた状態です。

POINT
グルーでヘアピンを接着します

接着するときは接着剤を使ってもよいですが、グルーを接着剤代わりに使う方法もあります。
※とれにくくするために、あらかじめヘアピンの方にキズを付けておきましょう。

12

写真の位置にヘアピンを付けたら、硬化を待ちましょう。

13

24時間経ち硬化したら、アルコール入りウェットティッシュで表面を仕上げ磨きして完成です。

BASIC 04

ボールのデコレーション ⋮ ジュエルボール

Technique Point
テクニックのポイント

**ボール芯を使うことで
きれいな球体を表現**

ボール芯を使用することで、真円のようなきれいな球体をつくることができます。チャトンを置く量が多く大変そうですが、つくり方は簡単です。またチャコペンを使って、下絵を転写する方法も解説します。

DATA ▷◁ 基本情報

制作時間目安 / 約 **120** 分
難易度 / 💎💎💎

MATERIALS ▷◁ 材料

[ベース]
発泡スチロールのボール芯（30mm）

[グルー]
a 全体　　クリスタル　A：3.5g＋B：3.5g＝7g
b リボン　ライトシャム　A：0.05g＋B：0.05g＝0.1g
c 目・ひげ　ジェット　少量
d 鼻　　　シトリン　少量

[パーツ]
スワロフスキー®・クリスタル チャトン
目・ひげ　ジェット（PP10）×約26粒
リボン　　ライトシャム（PP18）×約2粒
　　　　　ライトシャム（PP10）×約15粒
全体　　　ホワイトオパール（PP24）×約400粒
　　　　　ホワイトオパール（PP18）×約20粒
　　　　　ホワイトオパール（PP10）×約40粒
リボンの縁　ボールチェーンBC×1mm

LAYOUT ▷◁ 配置図・下絵（原寸大）

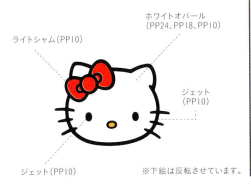

ライトシャム（PP10）
ホワイトオパール（PP24、PP18、PP10）
ジェット（PP10）
ジェット（PP10）
※下絵は反転させています。

HOW TO MAKE ▷◁ つくり方

01

a（クリスタル）のグルーのA剤とB剤を同量ずつ量り取り、約3〜4分間混ぜ合わせます。

02

混ざったグルーを、30mmのボール芯にグルーの厚さが均等になるようにセッティングします。手のひらを使って丸くなるように整えます。

03

……つまようじ

グルーが偏ってしまうと、チャトンもきれいに置けません。左の写真のように丸くなるように整えましょう。ボール芯にまっすぐつまようじを挿しましょう。

04

コピーした下絵をクリアファイルに挟みます。

05

b（ライトシャム）のグルーを混ぜて、リボンの部分にセッティングします。

下絵の上にトレーシングペーパーを重ね、テープで固定します。下絵に合わせてチャコペンでリボン、ひげ、目、鼻をなぞります。

同様に、c（ジェット）のグルーを目・ひげに、d（シトリン）のグルーを鼻にセッティングします。

写し取った面を、グルーに押し当てます。強く押しすぎるとグルーの形が変わるので注意しましょう。

06

ピンセットでボールチェーンBCをリボンの縁に合わせて置きます。

07

グルーの置く位置がわかれば、完全に転写できなくても構いません。

顔とリボンの各パーツにチャトンを置いていきます。

08

つまようじの周辺からホワイトオパールのチャトンを置いていきます。まず、PP24のチャトンを5個バランス良く置き、その間を埋めるように1周ずつ置きます。

POINT
歯ブラシ置きなどに立てかけましょう

チャトンを埋め終わったら、つまようじを挿したまま歯ブラシ置きなどに立てかけておきます。つまようじ周辺のグルーが硬化しないように、時折抜き差ししましょう。

POINT
途中でひっくり返すと作業しやすいです

半分くらいまで埋まってきたら、ボールが上になるようにひっくり返すと作業がしやすくなります。

10

よりきれいな球体をつくりたいときは、ブラスモルドを使用します。回転させながら2〜3分くり返し落とします。顔の部分にはあたらないように気をつけましょう。

09

顔の回りは目とひげ、リボンの間から先に作業するとバランス良く配置しやすくなります。

11

24時間経ち硬化したら、アルコール入りウェットティッシュで表面を仕上げ磨きして完成です。

CHAPTER
02

HALLO KITTY
ハローキティ

リングなどのベース（土台）を使用したアイテムから、
グルーデコ®らしいフリーセッティングまで
ハローキティをモチーフとしたアイテムを紹介します。

046	平面 /	ITEM 01	オリジナルベースを使用した リボンペンダントトップ
048	立体 /	ITEM 02	小さなリボンをあしらった リボンリング
050	フリーセッティング /	ITEM 03	実物大でつくるリアルな リボンバレッタ
052	フリーセッティング /	ITEM 04	おともだちと小物をモチーフにした ピンバッジ
054	フリーセッティング /	ITEM 05	2色のパーツでつくる キャンディピアス
056	フリーセッティング /	ITEM 06	リボンがデザインされた イニシャルロゴ
058	フリーセッティング /	ITEM 07	左右対称につくる キティ&ミミィのピアス
060	フリーセッティング /	ITEM 08	顔の輪郭をかたどった ハローキティのシルエットアクセサリー

チェーンを通して、
ネックレスやバッグチャームに
ぴったり！

VARIATION P.88

ITEM

01 ［平面アイテム］

オリジナルベースを使用した
リボンペンダントトップ

キティのリボンをモチーフにした
ベースを使ったシンプルなペンダントトップ。
グルーをセッティングして、バランス良く
チャトンを置くだけでつくれます。

DATA ▸ 基本情報

制作時間目安 / 約 **30** 分
難易度 / ◆ ◇ ◇

MATERIALS ▸ 材料

[ベース]

オリジナルベース　ハローキティ リボン（大）
（ユザワヤ）

[グルー]

ライトシャム
A：0.75g＋B：0.75g＝1.5g

[パーツ]

スワロフスキー®・クリスタル チャトン
ライトシャム（PP24）×約30粒
ライトシャム（PP18）×約10粒
ライトシャム（PP10）×約10粒

LAYOUT ▸ 配置図・下絵（原寸大）

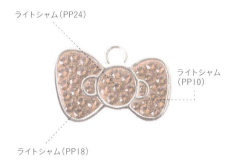

ライトシャム（PP24）
ライトシャム（PP10）
ライトシャム（PP18）

HOW TO MAKE ▸ つくり方

01 グルーのA剤とB剤を同量ずつ量り取り、約3〜4分間混ぜ合わせます。

02 グルーを丸めてベースにセッティングします。ベースとグルーの間に空気が入らないように伸ばします。

03 グルーの厚さが均一になるようにし、ベースからはみでないように注意しましょう。ベースに付いたグルーはウェットティッシュで拭き取ります。

04 ベースの縁にそってPP24のライトシャムのチャトンを置きます。グルーがはみでないように注意しましょう。リボンの真ん中は、PP24を中心に1粒置き、そのまわりを囲むように7粒置きます。

05 輪郭に沿って外側1周するまで置いたら、内側に、隙間ができないようにバランス良くチャトンを置きます。同じサイズのチャトンがかたまらないようにしましょう。

06 パーツをすべて置き終わったら、つまようじでチャトンの高さをそろえて、指でやさしくなでて形を整えます。

07 24時間経ち硬化したら、アルコール入りウェットティッシュで表面を仕上げ磨きして完成です。

POINT
中央はPP24のチャトンを置こう

中央部分はPP24を中心に1粒置き、そのまわりを囲むように7粒置くとバランスが良いです。

02 [立体アイテム]

小さなリボンをあしらった
リボンリング

エレガントなハーフボリュームリングに、ポイントとして小さなリボンをあしらった立体感のある上品なリング。リボンを先につくり、その後にリングと接着させます。

ハローキティのリボンが
モチーフになっている
かわいいリングです!

DATA　▶ 基本情報

制作時間目安　/　約 **60** 分
難易度　/　♦ ♦ ♢

MATERIALS　▶ 材料

[ベース]
ハーフボリュームリング（ユザワヤ）

[グルー]
aクリスタル
A：0.8g＋B：0.8g＝1.6g（リング部分）
少量（リボンの縁取り）

bフューシャ
A：0.1g＋B：0.1g＝0.2g

[パーツ]
スワロフスキー®・クリスタル チャトン
ホワイトオパール（PP18）×約15粒
ホワイトオパール（PP10）×約10粒
クリスタル（PP18）×約15粒
クリスタル（PP10）×約10粒
クリスタルAB（PP18）×約15粒
フューシャ（PP10）×約15粒

LAYOUT　▶ 配置図・下絵（原寸大）

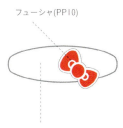

フューシャ（PP10）

ホワイトオパール（PP18、PP10）、クリスタル（PP18、PP10）、クリスタルAB（PP18、PP10）をランダムに配置

HOW TO MAKE　▶ つくり方

01　まずリボンの部分のみを先につくります。bのグルーのA剤とB剤を同量ずつ量り取り、約3～4分間混ぜ合わせます。

02　コピーしたリボンの下絵をクリアファイルに挟み、その上にグルーを丸めてセッティングし、リボンの形に整えます。

03　aのグルーを少量使い、中央の白い部分をつくります。

04　グルーの上にフューシャ（PP10）のチャトンを置きます。グルーがかたよらないように注意しましょう。硬化するまで24時間待ちます。

05　次にリングの部分をつくります。aのグルーのA剤とB剤を同量ずつ量り取り、約3～4分間混ぜ合わせます。

06　グルーを丸めてベースにセッティングします。ベースとグルーの間に空気が入らないように伸ばします。

07　グルーの厚さが均一になるようにし、ベースからはみでないように注意しましょう。ベースに付いたグルーはウェットティッシュで拭き取ります。

08　セッティングしたグルーの上にリボンを接着します。

09　クリスタル、ホワイトオパール、クリスタルABのチャトンがランダムになるようにまばらに配置します。パーツをすべて置き終わったら、つまようじでチャトンの高さをそろえて、指でやさしくなでて形を整えます。

10　24時間経ち硬化したら、アルコール入りウェットティッシュで表面を仕上げ磨きして完成です。

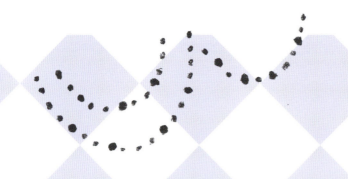

ITEM

03 [フリーセッティングアイテム]

実物大でつくるリアルな
リボンバレッタ

バレッタの金具パーツにフリーセッティングで
つくった大粒のチャトンを配置したアイテムを
組み合わせることで、
リアルな大きさのキティちゃんのリボンに。

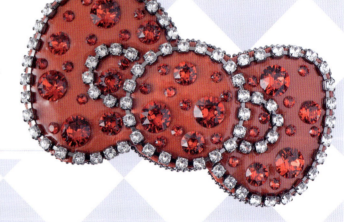

普段使いだけでなく、
コスプレにも
相性が良いアイテムです。

DATA  基本情報

制作時間目安 ／ 約 **60** 分
難易度 ／ ◆◇◇

MATERIALS 材料

[グルー]
ライトシャム
A：9.6g＋B：9.6g＝19.2g

[パーツ]
スワロフスキー®・クリスタル チャトン
ライトシャム　#1088(SS39)×約7粒
ライトシャム　#1088(SS29)×約8粒
ライトシャム　#1088(PP24)×約28粒
ボールチェーンBC　1.2mm×約45cm
ダイヤレーン　約45cm

LAYOUT 配置図・下絵
（150％に拡大して使用）

ライトシャム#1088(SS39)、ライトシャム#1088(SS29)、ライトシャム#1088(PP24)をランダムに配置

グルーの縁に合わせてボールチェーンで縁取りをし、その内側にダイヤレーンを敷き、リボンの形にする

HOW TO MAKE つくり方

01 ライトシャムのA剤とB剤を同量ずつ量り取り、約3〜4分間混ぜ合わせます。

02 コピーしたリボンの下絵をクリアファイルに挟み、その上にグルーを丸めてセッティングし、リボンの形に整えます。

03 全体のラインをボールチェーンで縁取り、図のリボンの形をダイヤレーンでつくります。

04 写真を参考に、大きいチャトンをまばらに配置します。

05 仕上がったら、バレッタに合わせて曲線をつくるために、クリアファイルにリボンを載せたまま、バレッタの上に置きます。ずれないようにテープ等で固定して、24時間待ち硬化させます。

06 硬化したら、リボンとバレッタを接着して、完成です。

POINT
バレッタの曲線に合わせよう

硬化する前にバレッタの曲線に合うようにリボンを軽く曲げ、テープ等で固定します。

グルーデコ®とチャトンを
組み合わせると
細かい表現も自由自在♪

VARIATION-1 P.90

ITEM
04 ［ フリーセッティングアイテム ］

おともだちと小物をモチーフにした
ピンバッチ

ハローキティのおともだちのジョーイや、
小物のミルク瓶などをモチーフにしたアイテムです。
大人も子供も使えるかわいらしい
ピンバッチにアレンジしました。

VARIATION-2 P.9

DATA ▶ 基本情報

制作時間目安 ／ 約 **60** 分
難易度 ／ ◆ ◆ ◇

MATERIALS ▶ 材料

［グルー］
aクリスタル
A：0.3g＋B：0.3g＝0.6g
bライトシャム
A：0.25g＋B：0.25g＝0.5g

［パーツ］
スワロフスキー®・クリスタル チャトン
ホワイトオパール（PP10）×約86粒
ライトシャム（PP10）×約13粒
ボールチェーン　ブラック×約15cm

ピンバッチ
チョウタックセット丸皿　8mm（貴和製作所）

LAYOUT ▶ 配置図・下絵（原寸大）

ホワイトオパール（PP10）
ライトシャム（PP10）

HOW TO MAKE ▶ つくり方

01 まずミルク瓶の部分を先につくります。aのグルーのA剤とB剤を同量ずつ量り取り、約3〜4分間混ぜ合わせます。

02 コピーしたミルク瓶の下絵をクリアファイルに挟み、その上にグルーを丸めてセッティングし、ミルク瓶の形に整えます。グルーの厚さが均一になるように注意しましょう。

03 bのグルーを混ぜ合わせ、「M」の部分をつくります。

04 ボールチェーンを切って使い、ミルク瓶の縁取りをします。

05 グルーの上にチャトンを置きます。クリスタルのグルーの上にホワイトオパールを置き、「M」の部分にライトシャムを置きます。グルーがかたよらないように注意しましょう。

06 チャトンをすべて置き終わったら、つまようじでチャトンの高さをそろえて、指でやさしくなでて形を整えます。

07 24時間経ち硬化したら、アルコール入りウェットティッシュで表面を仕上げ磨きして完成です。

POINT
フェルトと金具を付けピンバッヂに

硬化したらp24を参考にして、裏側に金具を付けましょう。

ITEM

05　[フリーセッティングアイテム]

2色のパーツでつくる
キャンディピアス

小物のキャンディをモチーフにしたピアスです。
左右でピンクとイエローの2色ずつつくり、
ピアス金具とチェーンを通したら完成。
金具にはめるホワイトオパールもポイントです。

シンプルでかわいいピアスです。
カジュアルな装いにぴったり！

DATA 基本情報

制作時間目安 / 約 **60** 分
難易度 / ◆◆◇

MATERIALS 材料

[グルー]

<ピンクのリボン(1つ分)>
A:0.46g(ライトローズ:0.23g+クリスタル:0.23g)+B:0.46g=0.92g

<イエローのリボン(1つ分)>
A:0.46g(シトリン:0.23g+クリスタル:0.23g)+B:0.46g=0.92g

[パーツ](リボン1つ分)

スワロフスキー®・クリスタル チャトン
ホワイトオパール(PP10)×約12粒
#4320 8×6mm ホワイトオパール×1粒

ブリオン(ゴールド)×約35粒
ピアス チタン石座付 シズク
8×6mm用(#4320用) ゴールド(貴和製作所)
チェーンK-101ゴールド×約6cm
丸カンゴールド0.6×3mm
9ピン ゴールド0.5×12mm

LAYOUT 配置図・下絵(原寸大)

ホワイトオパール(PP10)

HOW TO MAKE つくり方

01 グルーのA剤とB剤を同量ずつ量り取り、約3〜4分間混ぜ合わせます。

02 混ぜ合わせたグルーを0.12gと0.8gに分けます。

03 コピーした下絵をクリアファイルに挟み、その上に0.12gのグルーを丸めてセッティングし、キャンディの形に整えます。

04 9ピン(0.5mm×12mm)をはみでない長さにカットしてキャンディの真ん中にセットします。その上に0.8gのグルーをのせ、丸みを出します。

05 ブリオン(ゴールド)で縁取りをします。

06 ホワイトオパールPP10のチャトンでストライプを描きます。24時間経ち完全に硬化したら、アルコール入りウェットティッシュで仕上げ磨きをします。

07 ピアスに組み立てます。チェーンK-101ゴールドを4cmと2cmにカットします。ピアス金具に#4320 8×6mmのホワイトオパールをはめます。ピアス金具、チェーン、リボンを丸カンでつなげて組み立てます。

POINT
石座にホワイトオパールをはめます

ピアス金具の石座の部分に#4320 8×6mmのホワイトオパールをはめるのを忘れないように。

ITEM 06 [フリーセッティングアイテム]

リボンがデザインされた
イニシャルロゴ

ハローキティのイニシャル「H」と「K」に、
赤いリボンがデザインされたアイテム。
ボールチェーンで縁取りした、
甘すぎないシックなイメージです。

VARIATION P.89

ブローチなどにぴったりの
イニシャルロゴです。

DATA 基本情報

制作時間目安 / 約 **90** 分
難易度 / ◆◆◇

MATERIALS 材料

[グルー]
aジェット
A：2.2g＋B：2.2g＝4.4g
bライトシャム
A：0.2g＋B：0.2g＝0.4g

[パーツ]
スワロフスキー®・クリスタル チャトン
ライトシャム（PP18）×約33粒
ライトシャム（PP10）×約20粒
ジェット（PP18）×約127粒
ジェット（PP10）×約12粒

ボールチェーン1.5mmシルバー×約30cm

HOW TO MAKE つくり方

01 a（ジェット）のA剤とB剤を同量ずつ量り取り、約3〜4分間混ぜ合わせます。

02 コピーした下絵をクリアファイルに挟み、その上にグルーを丸めてセッティングし、イニシャルの形に整えます。厚さが均一になるように注意しましょう。

03 b（ライトシャム）のグルーを混ぜ合わせます。反転した下絵のリボンの部分にラップを置き、グルーをラップの上でリボンの形に整えます。ラップごと引っくり返し、aのイニシャルのグルーの上に貼り付けます。

04 ボールチェーンで縁取りをします。

05 ジェットのチャトンを全体に配置し、リボンの部分にはライトシャムのチャトンを置きます。配置し終わったら、つまようじを使って高さをそろえ、指で優しく整えます。

06 24時間経ち硬化したら、アルコール入りウェットティッシュで仕上げ磨きをして完成です。

LAYOUT 配置図・下絵（原寸大）

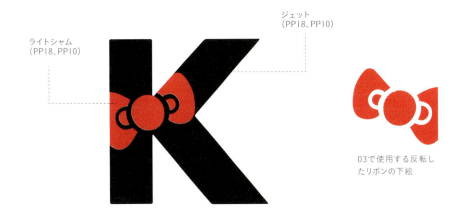

ライトシャム
（PP18、PP10）

ジェット
（PP18、PP10）

03で使用する反転したリボンの下絵

ITEM 07 [フリーセッティングアイテム]

左右対称につくる
キティ&ミミィのピアス

キティとその妹のミミィのリボンを
モチーフにしたピアスです。
それぞれ片側が大きく左右非対称の形をしているので
注意しましょう。

キティとミミィの
おそろいのリボンが
小さくてキュートなピアスに!

DATA 基本情報

制作時間目安 / 約 **60** 分
難易度 / ◆ ◇ ◇

MATERIALS 材料

[ベース]
なし(フリーセッティング)

[グルー]
<キティ>
ライトシャム　A：0.1g+B：0.1g=0.2g
<ミミィ>
シトリン　A：0.1g+B：0.1g=0.2g

[パーツ]
スワロフスキー®・クリスタル チャトン
<キティ>
ライトシャム(PP10)×約22粒
<ミミィ>
サンフワラー(PP10)×約22粒

ブリオン　シルバー(1mm)× 約58粒
ピアス丸皿　6mm(貴和製作所)　2個

LAYOUT 配置図・下絵 (原寸大)

ライトシャム(PP10)　　サンフラワー(PP10)

HOW TO MAKE つくり方

01　つくり方は共通です。まずグルーのA剤とB剤を同量ずつ量り取り、約3～4分間混ぜ合わせます。

02　下絵をクリアファイルに挟み、その上にグルーを丸めてセッティングします。厚さが均一になるように注意しましょう。

03　ブリオン(シルバー)を使い、リボンの形に縁取りをします。

04　チャトンを全体にバランス良く配置します。配置し終わったら、つまようじを使って高さをそろえ、指で優しく整えます。

05　24時間経ち硬化したら、アルコール入りウェットティッシュで仕上げ磨きをします。

POINT
ピアス丸皿を付けて完成

完全に硬化したら、p24を参照にピアス丸皿を裏側に接着します。

そのままでは耐久性が低いので
小物入れやミラーなどに
完全に接着して使いましょう。

ITEM 08 ［ フリーセッティングアイテム ］

顔の輪郭をかたどった
ハローキティの
シルエットアクセサリー

キティちゃんの顔の輪郭をイメージして
フリーセッティングでつくったアイテムです。
輪郭はPP18のチャトンが埋まる太さで
グルーを設置しましょう。

VARIATION-1 P.89

VARIATION-2 P.89

DATA 基本情報

制作時間目安 / 約 **60** 分
難易度 / ◆ ◆ ◆

MATERIALS 材料

[グルー]

aクリスタル
A:0.25g+B:0.25g=0.5g
bローズ
A:0.04g+B:0.04g=0.08g
cライトローズ
A:0.13g+B:0.13g=0.26g

[パーツ]

スワロフスキー®・クリスタル チャトン
クリスタル（PP18）×約31粒
クリスタル（PP10）×約16粒
クリスタルAB（PP10）×約35粒

HOW TO MAKE つくり方

01 aのグルーのA剤とB剤を同量ずつ量り取り、約3〜4分間混ぜ合わせます。

02 コピーした下絵をクリアファイルに挟み、その上にグルーをセッティングします。輪郭の部分の太さはPP18のチャトンが埋まるくらいの太さが目安です。

03 リボンの部分はbとcのグルーをセッティングします。

04 クリスタル（PP18）のチャトンを輪郭全体に置きます。

05 ヒゲの部分はクリスタル（PP10）を置き、リボンはクリスタルAB（PP10）を置きます。

06 チャトンを置き終わったら、つまようじで高さを揃え、指で優しく整えます。

07 24時間経ち完全に硬化したら、アルコール入りウェットティッシュで仕上げ磨きをします。

LAYOUT 配置図・下絵（原寸大）

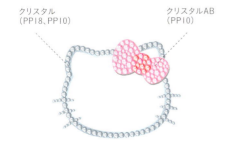

クリスタル（PP18、PP10）
クリスタルAB（PP10）

POINT
グルーや接着剤で小物入れなどに接着

硬化したらグルーや接着剤を使い、小物入れなどに接着しましょう。単体では折れやすいので注意しましょう。

CHAPTER

03

MY MERODY

マイメロディ

大きな耳が特徴のかわいいずきんをしているマイメロディ。
リボンをしていたり、お花を持っていたりする姿を、
ミラーやスマホカバー、カチューシャで表現してみました。

064 フリーセッティング /	ITEM 09	スマホをかわいくデコレーション **スマートフォンカバー**
066 平面 /	ITEM 10	大きなリボンが特徴の **マイメロディのコンパクトミラー**
068 フリーセッティング /	ITEM 11	マイメロディのお花をイメージした **フラワーカチューシャ**

ITEM 09 ［ フリーセッティングアイテム ］

スマホをかわいくデコレーション
スマートフォンカバー

グルーデコ®なら色々な物にデコレーションできます。
フリーセッティングのつくり方を応用して、
アイテムを接着するだけで、
キラキラがかわいいスマートフォンカバーの完成です。

グルーを使えば革製品などにも
接着することができます！

DATA　基本情報

制作時間目安 / 約 **120** 分

難易度 / ◆◆◆

MATERIALS　材料

[グルー]

a顔（クリスタル）	A：0.5g＋B：0.5g＝1g
b体（クリスタル）	A：0.65g＋B：0.65g＝1.3g
	（内シッポはA：0.05g＋B：0.05g＝0.1g）
cマイメロディピンク①	A：1.25g＋B：1.25g＝2.5g
dマイメロディピンク①	A：0.5g＋B：0.5g＝1g
eマイメロディピンク②	A：0.05g＋B：0.05g＝0.1g
f水色リボン	A：0.05g＋B：0.05g＝0.1g
g混色グルー	A：0.1g（ジェット：0.05g＋クリスタル：0.05g）＋B：0.1g＝0.2g
h混色グルー	※gと同じグルーを少量
iシトリン	少量
jマイメロディピンク②	A：1.2g＋B：1.2g＝2.4g

※c、d、e、f、jはP26の混色レシピを参考に最小量をつくった後で、上記の必要量を量り取って使ってください。

[パーツ]

スワロフスキー®・クリスタル チャトン
＜顔・体＞ホワイトオパール（PP18）×約45粒
　　　　　ホワイトオパール（PP10）×約73粒
＜耳・マント＞ライトローズ（PP18）×約90粒
　　　　　　ライトローズ（PP10）×約30粒
＜頭のリボン＞アクアマリン（PP10）×約10粒
ボールチェーン1mmBC×約60cm

LAYOUT　配置図・下絵
（170％に拡大して使用）

アクアマリン（PP10）
ライトローズ（PP18、PP10）
ボールチェーン
ホワイトオパール（PP18、PP10）

HOW TO MAKE　つくり方

01 コピーした下絵をクリアファイルに挟みます。

02 各グルーをセッティングしていきます。aを顔、bを体、cを耳、dをマント、eをリボンの中のハート、fを水色のリボン、gを目に、hを鼻の縁、iを鼻にセッティングします。

03 ボールチェーンで全体を縁取りします。マイメロディの丸いラインが表現できるように注意しましょう。

04 グルーの上にチャトンを置きます。すべて置き終わったら、つまようじでチャトンの高さをそろえて、指でやさしくなでて形を整えます。硬化するまで24時間待ちます。

05 大きいハートをつくります。jのグルーのA剤とB剤を同量ずつ量り取り、約3～4分間混ぜ合わせます。

06 グルーをハート型に整えたら、マイメロディの手に付けます。

07 24時間経ち硬化したら、アルコール入りウェットティッシュで表面を仕上げ磨きします。硬化したら、接着剤代わりにグルーを使い、スマホカバーに付けて完成です。

POINT
完全に硬化してからハートを付ける

マイメロディが硬化してから、ハートをつくると、形を崩さずに接着できます。

「ハンドメイド用の
コンパクトミラーのベースに
グルーデコ®をセッティング!」

ITEM

10 ［平面アイテム］

大きなリボンが特徴の
マイメロディの
コンパクトミラー

コンパクトミラー用のベースの上に、
グルーデコ®でマイメロディの顔をデコレーション!
ゴールドのボールチェーンで縁取りをして
華やかなイメージのアイテムに。

DATA 基本情報

制作時間目安 / 約 **120** 分

難易度 / ♦♦♦

MATERIALS 材料

[ベース]

コンパクトミラー正円(貴和製作所)

[グルー]

a 全体用(マイメロディピンク②) A:5.0g+B:5.0g=10g
b 顔(クリスタル) A:0.2g+B:0.2g=0.4g
c 鼻(混色グルー) A:0.1g(シトリン:0.05g+クリスタル:0.05g)+B:0.1g=0.2g ※余ります。
d 目(混色グルー) A:0.4g(スモークトパーズ:0.3g+クリスタル:0.1g)+B:0.4g=0.8g ※余ります。
e リボン(マイメロディピンク③) A:0.15g+B:0.15g=0.3g
※a、eはP26の混色レシピを参考に最小量をつくった後で、上記の必要量を量り取って使ってください。

[パーツ]

スワロフスキー®・クリスタル チャトン
ホワイトオパール(PP18)×約60粒
ホワイトオパール(PP10)×約35粒
ローズ(PP18)×約50粒
ローズ(PP10)×約10粒
クリスタルAB(PP10)×約135粒
ライトローズ(PP18)×約80粒
ライトローズ(PP10)×約35粒
ボールチェーン ゴールド(1mm)×約40cm

HOW TO MAKE つくり方

01 グルーを取れにくくするために、あらかじめベースにキズを付けておきましょう。

02 まず、aの全体用のグルーを混ぜ合わせて、丸めてミラーの上に置きます。空気が入らないように注意して、ミラー全体にグルーを伸ばします。

03 次に顔の部分をつくります。下絵の上にラップを重ね、bの顔の部分のグルーを置きます。形を整えて貼り付けます。

04 下絵の顔の部分にトレーシングペーパーを重ね、チャコペンで目、鼻、口をなぞります。写し取った面を顔の部分のグルーに押し当てて、チャコペンを転写させます。

05 cとdの各グルーをそれぞれ混ぜ合わせ、cを鼻、dを目の部分にセッティングします。

06 下絵のリボンの部分にラップを重ね、eのグルーを混ぜ合わせてリボンの形に整えます。ラップごと引っくり返して、aの上に、eのグルーをセッティングします。

07 ボールチェーンで全体、リボン、マイメロの顔を縁取りします。

08 グルーの上にチャトンを置きます。パーツをすべて置き終わったら、つまようじでチャトンの高さをそろえて、指でやさしくなでて形を整えます。

09 24時間経ち硬化したら、アルコール入りウェットティッシュで表面を仕上げ磨きして完成です。

LAYOUT 配置図・下絵
(200%に拡大して使用)

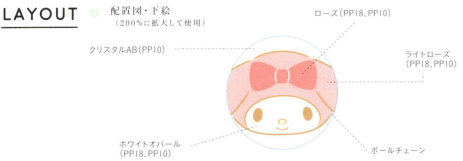

ローズ(PP18、PP10)
クリスタルAB(PP10)
ライトローズ(PP18、PP10)
ホワイトオパール(PP18、PP10)
ボールチェーン

ITEM

11 [フリーセッティングアイテム]

マイメロディのお花をイメージした
フラワーカチューシャ

お花を頭に付けているマイメロディをイメージして、
フラワーカチューシャにしてみました。
フリーセッティングで立体的につくるので、
難易度は高いですが、チャレンジしてみましょう。

お花に囲まれた
マイメロディが
モチーフです！

DATA　基本情報

制作時間目安　/　約 **120** 分
難易度　/　💎💎💎

MATERIALS　材料

＜お花用＞
[グルー]

a マイメロディピンク②　A：0.2g＋B：0.2g＝0.4g
b 水色のリボン　　　　A：0.2g＋B：0.2g＝0.4g
c クリスタル　　　　　A：0.2g＋B：0.2g＝0.4g

＜お花の土台用＞
[グルー]

a マイメロディピンク②　A：0.05g＋B：0.05g＝0.1g
b 水色のリボン　　　　A：0.05g＋B：0.05g＝0.1g
c クリスタル　　　　　A：0.05g＋B：0.05g＝0.1g

※a、bの混色のグルーはP26の混色レシピを参考に最小量をつくった後で、上記の必要量を量り取って使ってください。

[パーツ]

スワロフスキー®・クリスタル チャトン
ライトローズ（PP10）×約28粒
アクアマリン（PP10）×約28粒
ホワイトオパール（PP10）×約28粒

ボールチェーン　　　1mmのゴールド×約30cm
#5818　片穴6mm　スワロフスキー®パール　3粒

＜葉っぱ＞
[グルー]

ペリドット　A：0.38g＋B：0.38g＝0.76g

[パーツ]

ボールチェーン　　　1mmのゴールド×約12cm
カチューシャ土台　　ゴールド（貴和製作所）

LAYOUT
配置図・下絵（原寸大）

HOW TO MAKE　つくり方

＜お花のつくり方＞

01　a、b、cのグルーをそれぞれ混ぜ合わせ、各色0.1gずつ4個に分けます（計12個）。

02　分けた0.1gのグルーを丸めて指で押し、直径6mmぐらいの平らな円をつくり、周囲をボールチェーンで一回りさせます。

03　一つの円にPP10のチャトン7粒をまんべんなく埋め、24時間硬化させます。

04　お花の土台になるグルーを混ぜ合わせ、3時間ほど置き、半硬化させます。

05　半硬化したグルーを丸めてまわりに花びら4枚で形取り、真ん中に6mmパールを置きます。完全硬化するまでの間に、形は常に整えましょう。

＜葉っぱのつくり方＞

01　ペリドットのグルーを混ぜ合わせます。0.76gのグルーのうち、0.14g×2、0.24g×2の4個に分けます。

02　0.14gは長いところが約1cmの楕円になるように平たく伸ばします。0.24gは長いところが約1.2cmの楕円になるように平たく伸ばします。

03　0.14gの方の楕円は約2.5cmのボールチェーンで一回りさせ、0.24gの方の楕円は約3.5cmのボールチェーンで一回りさせます。葉っぱの形に整えましょう。

＜カチューシャへのセッティングの仕方＞

カチューシャにセッティングする際は、お花と葉っぱを付けるところに目印をあらかじめ付けておき、取れにくくするために、キズを付けましょう。貼り付け用のグルー（1つに対して0.03gほど。直径2mmの粒状にした大きさ）をカチューシャにセッティングして、お花、葉っぱを貼り付けます。24時間待ち貼り付け用のグルーが完全に硬化したら、アルコール入りウェットティッシュで表面を仕上げ磨きして完成です。

ライトローズ（PP10）

アクアマリン（PP10）

ホワイトオパール（PP10）

ボールチェーン

CHAPTER
04

LITTLE TWIN STARS

リトルツインスターズ

双子のきょうだい星であるキキとララを
チャトンやビジューを使って表現したアイテムを紹介します。
ピアスやヘアゴムなど、2つセットでつくっています。

072 ボール	ITEM 12	ビジューとチャトンで星を表現した	**ボールピアス**
074 平面	ITEM 13	グルーの色でキキとララを表現した	**ヘアゴム**
076 立体	ITEM 14	色の組み合わせで表現した	**ロンデル**
078 立体	ITEM 15	星と月のチャームがワンポイント	**ペンアクセサリー**

ランダムにチャトンを置いた
ボール型のピアス

ITEM

12 [ボールアイテム]

ビジューとチャトンで星を表現した
ボールピアス

グルーでボールをつくり、チャトンをまばらに
置くことで星を表現しています。
左右それぞれグルーの色を変えることで
キキとララをイメージしています。

DATA 基本情報

制作時間目安 / 約 **30** 分
難易度 / ◆ ◇ ◇

MATERIALS ☆ 材料

[ベース]

10mm　ボール芯（Wグルーデコ楽天市場店）

[グルー]

aピンク　　A：0.5g＋B：0.5g＝1g
bブルー　　A：0.5g＋B：0.5g＝1g
※混色のグルーはP26の混色レシピを参考に最小量をつくった後で、上記の必要量を量り取って使ってください。

[パーツ]

スワロフスキー®・クリスタル チャトン
星のクリスタル　#2816　クリスタル（5mm）×2粒
クリスタル（PP18）×1粒
クリスタル（PP10）×10粒

ステンレスU字ピアス
ロジウムカラー（貴和製作所）　2個
0.7×4mm（貴和製作所）　丸カン　2個

LAYOUT ☆ 配置図・下絵（原寸大）

星のクリスタル　#2816
クリスタル（5mm）

クリスタル（PP10）　　クリスタル（PP18）

HOW TO MAKE ☆ つくり方

01　グルーのA剤とB剤を混ぜ合わせて、ボール芯に巻き付けます。ララがaのグルー、キキがbのグルーになります。手のひらを使って丸くなるように整えます。

02　グルーの上に星のクリスタルとチャトンをまばらにバランス良く置きます。すべて置き終わったら、つまようじでチャトンの高さをそろえて、指でやさしくなでて形を整えます。

03　24時間経ち硬化したら、アルコール入りウェットティッシュで表面を仕上げ磨きします。

04　ヒートンを付けて丸カンとピアスの金具を接着したら完成です。

ITEM

13 [平面アイテム]

グルーの色でキキとララを表現した
ヘアゴム

ピンク×パープルとイエロー×ブルーの
組み合わせでキキとララをイメージした
カラーに混色したグルーと、
星のクリスタルを使用したヘアゴムです。

ヘアゴムや、小物をまとめる
バンド代わりに
使えるアクセサリーです

DATA 基本情報

制作時間目安 / 約 **30** 分
難易度 / 💎💎💎

MATERIALS 材料

[ベース]

ミール皿　25mm（ユザワヤ）

[グルー]

a 混色グルー（ピンク）　A：0.7g＋B：0.7g＝1.4g
b 混色グルー（パープル）　A：0.7g＋B：0.7g＝1.4g
c 混色グルー（イエロー）　A：0.7g＋B：0.7g＝1.4g
d 混色グルー（ブルー）　A：0.7g＋B：0.7g＝1.4g
※混色のグルーはP26の混色レシピを参考に最小量をつくった後で、上記の必要量を量り取って使ってください。

[パーツ][1つ分の材料]

スワロフスキー®・クリスタル チャトン
#4745 10mm×1個
#4745 5mm×2個
クリスタルAB（PP18）×約3粒
クリスタルAB（PP10）×約6粒

ボールチェーン　1.5mmシルバー×約8cm

LAYOUT 配置図・下絵（原寸大）

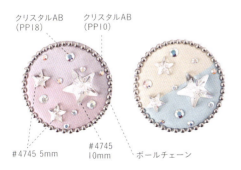

HOW TO MAKE つくり方

01 グルーを取れにくくするために、あらかじめベースにキズを付けておきましょう。

02 グルーのA剤とB剤を混ぜ合わせます。ララはピンク×パープル、キキはイエロー×ブルーの組み合わせで表現します。ミール皿（25mm）の上に置き、色合いが半々になるように伸ばしてセッティングします。

03 1.5mmシルバーのボールチェーンで縁取ります。

04 星のクリスタルとチャトンを散りばめるようにバランス良く配置します。

05 パーツをすべて置き終わったら、つまようじでチャトンの高さをそろえて、指でやさしくなでて形を整えます。24時間経ち硬化したら、アルコール入りウェットティッシュで表面を仕上げ磨きしたら完成です。

POINT

グルーの境目はなるべくまっすぐに

ピンク×パープル、イエロー×ブルーの境目はなるべく直線になるように整えましょう。

ITEM 14 [立体アイテム]

色の組み合わせで表現した

ロンデル

チェーンを通してシンプルなネックレスにしたり、
複数でブレスレットにしたりと、
様々な使い方ができるロンデル。
色の組み合わせ方でキキとララを表現してみました。

グルーのみと、チャトンを
置いた2種類を紹介！

DATA 基本情報

制作時間目安 / 約 **30** 分
難易度 / ◆ ◇ ◇

MATERIALS 材料

＜グルーのみ＞
[ベース]
粘土土台ビーズ芯大穴　約7mm　G

[グルー]
お好みの色　A：0.5g ＋ B：0.5g ＝ 1.0g

＜チャトンPP18＞
[ベース]
粘土土台ビーズ芯大穴　約7mm　G

[グルー]
お好みの色　A：0.35g ＋ B：0.35g ＝ 0.7g

[パーツ]
スワロフスキー®・クリスタル チャトン
お好みのチャトン（PP18）× 約45粒

LAYOUT 配置図・下絵
（50％に縮小して使用）

各チャトン（PP18）　　グルーのみ

HOW TO MAKE つくり方

＜グルーのみ＞

01 作業をしやすいように、ベースにつまようじなどを挿し、固定します。

02 グルーのA剤とB剤をよく混ぜ合わせます。

03 ベースにグルーを巻きつけていきます。

04 グルーを整えて24時間経ち硬化したら、アルコール入りウェットティッシュで仕上げ磨きをして完成です。

＜チャトンPP18＞

01 作業をしやすいように、ベースにつまようじなどを挿し、固定します。

02 グルーのA剤とB剤をよく混ぜ合わせます。

03 ベースにグルーを巻きつけセッティングします。

04 チャトンを縦に3個並べて置きます。次に横方向にチャトンを置いていきます。

05 チャトンをすべて埋め終わったら指でやさしく形を整えます。24時間経ち硬化したら、アルコール入りウェットティッシュで仕上げ磨きをして完成です。

POINT
数を変えて様々なアクセサリーに

1～2個組み合わせたシンプルなネックレスや、複数を組み合わせたブレスレットなど様々なアクセサリーに応用してみましょう。

グルーデコ®なら、
文房具のアクセサリー
もつくることができます

ITEM

15 [立体アイテム]

星と月のチャームがワンポイント

ペンアクセサリー

星型と月型のチャームをあしらった
ペンアクセサリーです。
キキとララのイメージに合わせて
ブルーとピンクの2色のカラーでつくりました。

DATA 基本情報

制作時間目安 / 約 **30** 分
難易度 / ♦♦♦

MATERIALS 材料

[グルー]

a 混色グルー（ピンク）　A：0.2g＋B：0.2g＝0.4g
b 混色グルー（ブルー）　A：0.2g＋B：0.2g＝0.4g
※混色のグルーはP26の混色レシピを参考に最小量をつくった後で、上記の必要量を量り取って使ってください。

[パーツ]

スワロフスキー®・クリスタル チャトン
＜ピンク＞　ライトローズ（PP18）×約25粒
　　　　　　ライトローズ（PP10）×約5粒
＜ブルー＞　アクアマリン（PP18）×約25粒
　　　　　　アクアマリン（PP10）×約5粒

丸カン0.8×4.5mm
ダルマカン 小（ユザワヤ）

ピンク　　国産キャストチャーム　月パール付きホワイト／RC（貴和製作所）
ブルー　　チャーム　#4745　スター　5mm　クリスタル／RC

LAYOUT 配置図・下絵（原寸大）

アクアマリン（PP18、PP10）
ライトローズ（PP18、PP10）

HOW TO MAKE つくり方

01 グルーのA剤とB剤を混ぜ合わせます。ペンの頭の部分に分量のグルーのうちから少し取り、薄く伸ばしてセッティングします。ダルマカンの穴の部分を埋めないように薄く伸ばしたグルーの上にセッティングします。

02 その上に残りのグルーを置いて、形を整えます。PP18、PP10のチャトンを使い、埋めていきます。

03 すべて置き終わったら、つまようじでチャトンの高さをそろえて、指でやさしくなでて形を整えます。

04 24時間硬化後、ダルマカンの出ている穴のところに丸カンを通し、お好きなチャームを付けます。

05 アルコール入りウェットティッシュで表面を仕上げ磨きしたら完成です。

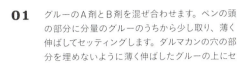

POINT
ダルマカンの穴を出しましょう

写真のようにダルマカンの穴が外に出るように、グルーを2つに分けて挟むようにセッティングしましょう。

CHAPTER 04 / LITTLE TWIN STARS

CHAPTER
05

OTHER CHARACTER
その他のキャラクター

サンリオのキャラクターの中から、ぼんぼんりぼん、
パティ&ジミー、シナモロールをモチーフにした
アイテムのつくり方を紹介します。

082 フリーセッティング /	ITEM 16	ドットをパールで表現した **ぼんぼんりぼんのブローチ**
084 平面 /	ITEM 17	顔をグルーで表現した **パティ&ジミーのブローチ**
086 平面 /	ITEM 18	靴紐に付けてシューズをデコる **シューレースチャーム**

16 [フリーセッティングアイテム]

ドットをパールで表現した
ぼんぼんりぼんのブローチ

ぼんぼんりぼんのおしゃれなリボンを
グルーデコ®でブローチに。
ドットの柄をパールで表現してみました。

大好きなママがつくってくれた、
チャームポイントの
大きなリボン

DATA 基本情報

制作時間目安 / 約 **90** 分
難易度 / ♦ ♦ ♦

MATERIALS 材料

[グルー]

aリボン　　　　　A：1.6g＋B：1.6g＝3.2g
bリボン内側　　　A：0.3g＋B：0.3g＝0.6g

※aリボンのA剤はフューシャ：2.0g、クリスタル：0.2g、サン：0.1gを混ぜた後、bリボン内側のA剤はフューシャ：0.3g、クリスタル：0.3g、サン：0.05gを混ぜた後、それぞれ上記の必要量を量り取ってください。(これより小さい量は量れないため)

[パーツ]

スワロフスキー®・クリスタル チャトン
ローズ(PP18)×約65粒
ローズ(PP10)×約80粒

ボールチェーン　1mmゴールド×約30cm
樹脂パール 4mm
(Wグルーデコ楽天市場店)×約18粒
回転ピン No.59 ゴールド(貴和製作所)

LAYOUT 配置図・下絵 (原寸大)

ローズ
(PP18、PP10)
樹脂パール 4mm
ボールチェーン

HOW TO MAKE つくり方

01 コピーした下絵をクリアファイルに挟みます。aとbのグルーのA剤とB剤を約3〜4分混ぜ合わせます。下絵の上にグルーを均一にセッティングします。

02 ボールチェーンで全体を縁取りします。

03 パールを写真を参考にして配置します。取れないように少し押し込みます。チャトンは重ならないように入るサイズで埋めましょう。

04 パーツをすべて置き終わったら、つまようじでチャトンの高さをそろえて、指でやさしくなでて形を整えます。

05 24時間経ち硬化したら、アルコール入りウェットティッシュで表面を仕上げ磨きします。

06 P24を参考にして、裏側にピンを付けたら完成です。

POINT
リボンの内側部分はグルーのみ

リボンの内側の部分は、チャトンを置かずに、グルーのみで表現するのがポイントです。

ITEM

17 [平面アイテム]

顔をグルーで表現した
パティ&ジミーのブローチ

アメリカのカンザスシティに住んでいる
ラブラブカップルのパティ&ジミーの2人を、
おそろいのブローチにしました。

トートバッグやキャップなど
大人だけでなく、キッズ向けの
グッズにもぴったり！

DATA 基本情報

制作時間目安 / 顔部分 約 **60** 分
/ ベース部分 約 **60** 分
難易度 / ♦♦♦

MATERIALS 材料

<パティ>
[ベース]
ブローチ台ゴールド40mm（サンセイ）

[グルー]

a シトリン　A：0.4g＋B：0.4g＝0.8g
b 混色（顔）A：0.3g＋B：0.3g＝0.6g
c ライトシャム（ベース）A：3.0g＋B：3.0g＝6.0g
d ジェット（目・鼻）　少量
※b 混色（顔）のA剤はクリスタル：1.7g、サン：0.1g、シトリン0.2gを混ぜた後、上記の必要量を量り取って使ってください。

[パーツ]

スワロフスキー®・クリスタル チャトン
ライトシャム（PP18）×約105粒
ライトシャム（PP10）×約15粒
ボールチェーン　ブラック 22mm×約25cm

LAYOUT 配置図・下絵（原寸大）

ライトシャム（PP18、PP10）
ボールチェーン ブラック22mm

HOW TO MAKE つくり方

01 先に顔の部分をつくります。コピーした下絵をクリアファイルに挟みます。その上にA剤とB剤を混ぜ合わせたa（シトリン）とb（混色）のグルーを置きます。

02 d（ジェット）のグルーで目と鼻をつくります。ボールチェーンで全体を縁取りしたあと、24時間待ち、硬化させます。

03 次にベースの部分をつくります。cのグルーを混ぜ合わせて、ブローチ台の上にセッティングします。

04 ブローチ台のグルーの上に、硬化させた顔を貼り付けます。

05 顔のまわりのベースに、ライトシャムのチャトンを置きます。

06 パーツをすべて置き終わったら、つまようじでチャトンの高さをそろえて、指でやさしくなでて形を整えます。

07 24時間経ち完全に硬化したら、アルコール入りウェットティッシュで仕上げ磨きをして完成です。

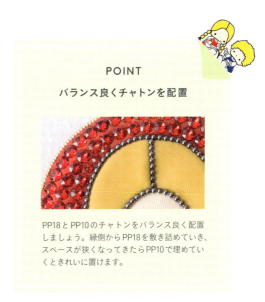

POINT
バランス良くチャトンを配置

PP18とPP10のチャトンをバランス良く配置しましょう。縁側からPP18を敷き詰めていき、スペースが狭くなってきたらPP10で埋めていくときれいに置けます。

VARIATION P.90

靴紐に通してシューズを
オシャレにしよう！

ITEM

18 [平面アイテム]

靴紐に付けてシューズをデコる

シューレースチャーム

シナモンロールのようなくるくる巻きのシッポに、
大きな耳が特徴のシナモンを、
シンプルなシューレースチャームにしてみました。

DATA 基本情報

制作時間目安 / 約 **60** 分
難易度 / ◆◆◇

MATERIALS 材料

＜シナモンの顔＞
【ベース】

靴紐飾りパーツ（長方形プレート 2923）ロジウム

[グルー]

aクリスタル（全体）
A：0.9g＋B：0.9g＝1.8g
b目・口
A：0.1g（インディゴブルー：0.05g、クリスタル：0.05g）＋B：0.1g＝0.2g
cほっぺ
A：0.1g（フューシャ：0.05g、クリスタル：0.05g）＋B：0.1g＝0.2g

※混色グルーはつくりやすい最小の量を表記しています。

[パーツ]

スワロフスキー®・クリスタル チャトン
ホワイトオパール（PP18）×約50粒
ホワイトオパール（PP10）×約20粒
ボールチェーン シルバー 1mm×約12cm

LAYOUT 配置図・下絵（原寸大）

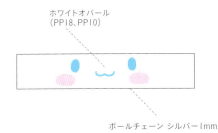

ホワイトオパール（PP18、PP10）
ボールチェーン シルバー1mm

HOW TO MAKE つくり方

01 aのグルーのA剤とB剤を3〜4分間混ぜ合わせ、ベースの上にグルーをセッティングします。

02 1mmシルバーのボールチェーンでベースの縁にそって枠を付けます。

03 bとcのグルーで下絵を参考にして目、口、ほっぺをつくります。

04 クリスタルのグルーの部分のみ、ホワイトオパールのチャトンを埋めていきます。

05 パーツをすべて置き終わったら、つまようじでチャトンの高さをそろえて、指でやさしくなでて形を整えます。

06 24時間経ち完全に硬化したら、アルコール入りウェットティッシュで仕上げ磨きをして完成です。

POINT
パーツの配置に気をつけましょう

シンプルなデザインのアイテムですが、シナモンのお顔はパーツの位置によって表情が変わってしまうので、配置に気をつけましょう。

バリエーションアイテム

本書で登場したアイテムのバリエーション作品の素材とつくり方を紹介します。

NO.1 ハローキティのペンダントトップ（大サイズ　ヒョウ柄）

【ベース】オリジナルベース ハローキティ シルエット（大）（Wグルーデコ楽天市場店）【グルー】aライトコロラドトパーズ　A：1.2g＋B：1.2g=2.4g/bスモークトパーズ　A：0.1g＋B：0.1g=0.2g/cジェット　A：0.05g＋B：0.05g=0.1g/dライトローズ　A：0.15g＋B：0.15g=0.3g【パーツ】スワロフスキー®・クリスタル　チャトン　ライトコロラドトパーズ（PP18）×約70粒/スモークトパーズ（PP10）×約20粒/ジェット（PP10）×約30粒

<つくり方>　①a、b、cのグルーのA剤とB剤を同量ずつ量り取り、約3～4分間混ぜ合わせます。全体にaをセッティングしてからbとcで自由に柄を入れます。②チャトンを置いていきます。グルーの柄に合わせた色のチャトンを置きましょう。③パーツをすべて置き終わったら、つまようじを使って高さをそろえ、指で優しく整えます。24時間経ち硬化したら、アルコール入りウェットティッシュで表面を仕上げ磨きして完成です。

NO.2 ハローキティのペンダントトップ（小サイズ）

【ベース】オリジナルベース ハローキティ シルエット（小）（Wグルーデコ楽天市場店）【グルー】aクリスタル　A：0.5g＋B：0.5g=1g/bライトローズ 少量【パーツ】スワロフスキー®・クリスタル　チャトン　クリスタル（PP24）×約15粒、（PP18）×約5粒/ホワイトオパール（PP24）×約10粒、（PP18）×約5粒/クリスタルAB（PP24）×約10粒、（PP18）×約5粒

<つくり方>　①グルーのA剤とB剤を同量ずつ量り取り、約3～4分間混ぜ合わせます。グルーを丸めてベースにセッティングします。②クリスタル、ホワイトオパール、ライトシャムのチャトンをまばらになるように置いていきます。③パーツをすべて置き終わったら、形を整えます。24時間経ち硬化したら、アルコール入りウェットティッシュで表面を仕上げ磨きして完成です。

NO.3 クッキーヘアピン（ストライプ）

（原寸大）

【ベース】なし（フリーセッティング）【グルー】aライトコロラドトパーズA：0.6g＋B：0.6g=1.2g/bクリスタルA：0.15g＋B：0.15g=0.3g/c混色（キキラピンク）少量（P26の混色レシピを参照にして最小量を混ぜた後、少量使用）【パーツ】ヘア金具 国産スリーピン ニッケル 50mm（貴和製作所）

<つくり方>　①コピーした下絵をクリアファイルに挟みます。星は下のクッキー、ストライプの部分の2段に分かれていて各パーツをつくる際に下絵を使用します。②aのグルーのA剤とB剤を同量ずつ量り取り、約3～4分間混ぜ合わせます。混ざったグルーを丸めて下絵の真ん中に置き、星の形に整えます。③bのグルーを混ぜ合わせ、下絵の上にラップを敷き、その上に星の形に整えます。整えたら、ラップごと引っくり返し、aの上に貼り付けます。24時間待ち硬化させてから、cのグルーを混ぜ合わせ、ストライプの柄を入れます。そのまま24時間待ち硬化させます。④グルーでヘアピンを接着したら、アルコール入りウェットティッシュで表面を仕上げ磨きして完成です。

NO.4 リボンペンダントトップ（小サイズ）

【ベース】オリジナルベース　ハローキティ リボン（小）（Wグルーデコ楽天市場店）【グルー】ローズ　A：0.3g＋B：0.3g=0.6g【パーツ】スワロフスキー®・クリスタル　チャトン　ローズ（PP18）×約20粒/ローズ（PP10）×約10粒

<つくり方>　①グルーのA剤とB剤を同量ずつ量り取り、約3～4分間混ぜ合わせます。グルーを丸めてベースにセッティングします。②チャトンを置いていきます。リボンの真ん中は、PP18を中心に1粒置き、そのまわりを囲むように7粒置きます。③パーツをすべて置き終わったら、つまようじを使って高さをそろえ、指で優しく整えます。24時間経ち硬化したら、アルコール入りウェットティッシュで表面を仕上げ磨きして完成です。

NO.5 イニシャルロゴ（H）

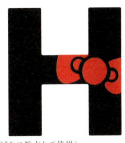

（125%に拡大して使用）

【グルー】aジェット A：2.2g＋B：2.2g＝4.4g/bライトシャム A：0.2g＋B：0.2g＝0.4g 【パーツ】スワロフスキー®・クリスタル チャトン ライトシャム（PP18）×約33粒/ライトシャム（PP10）×約20粒/ジェット（PP18）×約127粒/ジェット（PP10）×約12粒/ボールチェーン1.5mmシルバー約30cm

<つくり方> ①aのグルーのA剤とB剤を同量ずつ量り取り、約3～4分間混ぜ合わせます。②コピーした下絵をクリアファイルに挟み、その上にグルーを丸めてセッティングし、イニシャルの形に整えます。③次にbのグルーを混ぜ合わせ、反転させた下絵の上にラップを敷き、その上でリボンの形に整えたら、ラップごと引っくり返しaの上に貼り付けます。④ボールチェーンで縁取りをします。⑤ジェットのチャトンを全体に配置し、リボンの部分にはライトシャムのチャトンを置きます。配置し終わったら、つまようじを使って高さをそろえ、指で優しく整えます。⑥24時間経ち硬化したら、アルコール入りウェットティッシュで仕上げ磨きをして完成です。

NO.6 ハローキティのシルエットアクセサリー（ブラック×ピンク）

【グルー】aジェット A：0.25g＋B：0.25g＝0.5g/bライトローズ A：0.17g＋B：0.17g＝0.34g 【パーツ】スワロフスキー®・クリスタル チャトン ブラックダイヤ（PP18）×約31粒、（PP10）×約16粒/ライトローズ（PP10）×約35粒

<つくり方> ①aのグルーのA剤とB剤を同量ずつ量り取り、約3～4分間混ぜ合わせます。②コピーした下絵をクリアファイルに挟み、その上にグルーを丸めてセッティングします。輪郭の部分の太さはPP18のチャトンが埋まるくらいの太さが目安です。③リボンの部分はbのグルーをセッティングします。④ヒゲにブラックダイヤ（PP10）、リボンにライトローズ（PP10）を置き、輪郭全体にブラックダイヤのチャトンを置きます。⑤チャトンを置き終わったら、つまようじで高さを揃え、指で優しく整えます。24時間経ち完全に硬化したら、アルコール入りウェットティッシュで仕上げ磨きをします。

NO.7 ハローキティのシルエットアクセサリー（ホワイト×ピンク）

【グルー】aクリスタル A：0.25g＋B：0.25g＝0.5g/bライトシャム A：0.17g＋B：0.17g＝0.34g 【パーツ】スワロフスキー®・クリスタル チャトン ホワイトオパール（PP18）×約31粒、（PP10）×約16粒/ライトシャム（PP10）×約35粒

<つくり方> ①aのグルーのA剤とB剤を同量ずつ量り取り、約3～4分間混ぜ合わせます。②コピーした下絵をクリアファイルに挟み、その上にグルーを丸めてセッティングします。輪郭の部分の太さはPP18のチャトンが埋まるくらいの太さが目安です。③リボンの部分はライトシャムのグルーをセッティングします。④ヒゲにホワイトオパール（PP10）、リボンにライトシャム（PP10）を置き、輪郭全体にホワイトオパールのチャトンを置きます。⑤チャトンを置き終わったら、つまようじで高さを揃え、指で優しく整えます。24時間経ち完全に硬化したら、アルコール入りウェットティッシュで仕上げ磨きをします。

NO.8 ロンデル（各色）

【ベース】粘土土台ビーズ芯大穴 約7mm G【グルー】お好みの色A：0.35g＋B：0.35g＝0.7g（グルーのみの場合はA：0.5g＋B：0.5g＝1.0g）【パーツ】スワロフスキー®・クリスタル チャトン お好みのチャトン（PP18）×約45粒

【つくり方】①作業をしやすいように、ベースにつまようじなどを挿し、固定します。②グルーのA剤とB剤をよく混ぜ合わせます。③ベースにグルーを巻きつけていきます。（グルーのみの場合は形を整えて⑤へ）④チャトンを縦に3個並べて置きます。次に横方向にチャトンを置いていきます。チャトンをすべて埋め終わったらやさしく指で形を整えます。⑤24時間経ち硬化したら、アルコール入りウェットティッシュで仕上げ磨きをして完成です。

バリエーションアイテム

NO.9 ピンバッジ（ジョーイ）

（125%に拡大して使用）

【グルー】aアクアマリン A：0.4g＋B：0.4g=0.8g/bサファイア全量0.1g/cシトリン全量0.1g/dクリスタル少量/eジェット少量/fライトシャム少量【パーツ】スワロフスキー®・クリスタル チャトン アクアマリン（PP10）×約180粒/サファイア（PP10）×約15粒/ライトシャム（PP8）×1粒/ライトトパーズ（PP10）×約15粒/ボールチェーン ブラック1mm×約36cm/ピンバッチ チョウタックセット丸皿8mm（貴和製作所）

<つくり方> ①各グルーのA剤とB剤を同量ずつ量り取り、約3～4分間混ぜ合わせたのち、下絵をクリアファイルに挟み、その上にグルーを丸めてセッティングしていきます。aが全体、bが服、cが耳の穴、dが目、eが目と足に、fが鼻になります。目のバランスに注意してください。②ボールチェーンを切って、全体を縁取りします。シッポもボールチェーンを切ってつくります。③グルーの色に合わせて各色のチャトンを置きます。④パーツをすべて置き終わったら、つまようじでチャトンの高さをそろえて、指でやさしくなでて形を整えます。⑤24時間経ち硬化したら、ピンバッジの金具を接着し、アルコール入りウェットティッシュで表面を仕上げ磨きして完成です。

NO.10 ピンバッジ（ヒヨコ）

（原寸大）

【グルー】シトリン A：0.4g＋B：0.4g=0.8g【パーツ】スワロフスキー®・クリスタル チャトン ジェット（PP8）×1粒/ライトトパーズ（PP8）×約35粒、（PP10）×約15粒/ボールチェーン ブラック1mm×約10cm/ピンバッチ チョウタックセット丸皿 8mm（貴和製作所）

<つくり方> ①各グルーのA剤とB剤を同量ずつ量り取り、約3～4分間混ぜ合わせたのち、下絵をクリアファイルに挟み、その上にグルーを丸めてセッティングしていきます。②ボールチェーンを切って、全体を縁取りします。③チャトンを置きます。パーツをすべて置き終わったら、つまようじでチャトンの高さをそろえて、指でやさしくなでて形を整えます。④24時間経ち硬化したら、ピンバッジの金具を接着し、アルコール入りウェットティッシュで表面を仕上げ磨きして完成です。

NO.11 パティ＆ジミーのブローチ＜ジミー＞

（140%に拡大して使用）

【ベース】ブローチ台ゴールド 40mm（サンセイ）【グルー】aシトリンA：0.4g＋B：0.4g=0.8g/b混色（顔）A：0.3g＋B：0.3g=0.6g/cサファイヤ（ベース）A：3.0g＋B：3.0g=6.0g/dジェット（目・鼻）少量【パーツ】スワロフスキー®・クリスタル チャトン サファイヤ（PP8）×約100粒/サファイヤ（PP10）×約15粒/ボールチェーン ブラック1mm×約15cm

<つくり方> ①先に顔の部分をつくります。コピーした下絵をクリアファイルに挟みます。その上にA剤とB剤を混ぜ合わせたaとbのグルーを置きます。②dのグルーで目と鼻をつくります。ボールチェーンで全体を縁取りしたあと、24時間待ち、硬化させます。③次にベースの部分をつくります。cのグルーを混ぜ合わせて、ブローチ台の上にセッティングします。④ブローチ台のグルーの上に、硬化させた顔を貼り付けます。⑤顔のまわりのベースに、サファイヤのチャトンを置きます。⑥パーツをすべて置き終わったら、つまようじでチャトンの高さをそろえて、指でやさしくなでて形を整えます。⑦24時間経ち完全に硬化したら、アルコール入りウェットティッシュで仕上げ磨きをして完成です。

NO.12 シューレースチャーム（ストライプ）

【グルー】a混色グルーA：0.5g（A：インディコライト0.25g＋B：0.25g）＋0.5g=1g/bクリスタルA：0.5g＋B：0.5g=1g【パーツ】スワロフスキー®・クリスタル チャトン アクアマリン（PP18）×約30粒/ホワイトオパール（PP18）×約30粒/ボールチェーン1mmシルバー×約12cm

<つくり方> ①aとbのグルーをそれぞれ混ぜ合わせて、0.2gずつに分けます。ベースにa、b、a、b……と交互に分けて丸めたものを並べます。ベースの形に整えながらセッティングしていきます。②1mmシルバーのボールチェーンでベースの縁にそって枠を付けます。③PP18のチャトンをそれぞれの色に並べるように埋めていきます。④パーツをすべて置き終わったら、つまようじでチャトンの高さをそろえて、指でやさしくなでて形を整えます。⑤24時間経ち完全に硬化したら、アルコール入りウェットティッシュで仕上げ磨きをして完成です。

下絵参考用イラスト

本書で紹介した以外にもたくさんのキャラクターがいます。コピーして自分の作品づくりに生かしましょう。

下絵参考用イラスト

HelloKitty MY MELODY

一般社団法人日本グルーデコ協会（JGA）紹介

エポキシ系接着粘土（パテ　接着パテデコ）を使ったハンドワーク「グルーデコ®」を日本で普及し、これを通して「好きを仕事にしたい女性」の応援と育成、及び起業女性のコミュニティを広げることを目的としています。グルーデコ®講師を育成する取り組みとして、JGA認定講師講座を開講。さらに、定期的なスキルアップレッスンやセミナーの開講により、技術力、講師力、コミュニケーション力の向上など、認定講師となった後のバックアップにも力を入れています。

＜活動内容＞

講師認定証の発行
認定講師の立開業支援及び運営・営業支援
教材・教具の研究と開発
wGlue®の普及に努め、グルーデコ®の社会的地位の向上を目指す

＜お問い合わせ＞

グルーデコ®やJGA認定講師講座の受講に関する
お問い合わせは下記へご連絡下さい。

一般社団法人日本グルーデコ協会
〒541-0041
大阪市中央区北浜三丁目6番13号
日土地淀屋橋ビル8階
☎06-4707-0888
http://wglue.co.jp/

＜注意事項＞
- 本誌掲載作品を無断で複製・販売（店頭ならびにネットオークションなど）することは、法律で禁じられています。また、許可なく自身の教室でのレッスンに使用することも固くお断りしています。
- 「グルーデコ®」「グルーデコレーション®」「Jewelball®」「wGlue®」は一般社団法人日本グルーデコ協会占有で使用を許可された登録商標です。

アイテム制作
国分智佳（petit poche プティポッシュ）

講師プロフィール

グルーデコ®作家として主に活動し、オリジナル作品「バレリーナちゃん」をシリーズで展開中。百貨店でのイベントにも多数参加。講師としてオリジナルレッスンメニューをワークショップ、出張レッスンにて年数回開催している。

<材料の主な購入先>

本書で掲載した材料は主に下記の店舗で購入できます。※店舗により取り扱い商品が異なる場合があります。また、商品が廃番になる場合もありますので、ご了承ください。

ユザワヤ
http://www.yuzawaya.co.jp/
Wグルーデコ　楽天市場店
http://www.rakuten.co.jp/wgluedeco/
貴和製作所
http://www.kiwaseisakujo.jp/shop/

<監修>

一般社団法人日本グルーデコ協会

<レシピ監修>

国分智佳、中西佐緒、林宗代

<Staff>

企画・編集・執筆
浅井貴仁（ヱディットリアル社）

レイアウト・制作
浅野悠（Two half labo）

DTP
千葉幸治

フォトグラファー
古本麻由未

サンリオキャラクターのグルーデコ
本格アクセサリー&小物

2017年4月25日　第1版・第1刷発行

監　　修	一般社団法人日本グルーデコ協会
発 行 者	メイツ出版株式会社
	代表者 三渡 治
	〒102-0093 東京都千代田区平河町一丁目 1-8
	TEL：03-5276-3050（編集・営業）
	03-5276-3052（注文専用）
	FAX：03-5276-3105
キャラクター著作	株式会社サンリオ
印　　刷	三松堂株式会社

●本書の一部、あるいは全部を無断でコピーすることは、法律で認められた場合を除き、
　著作権の侵害となりますので禁止します。
●定価はカバーに表示してあります。

©1976, 2001, 2012, 2017 SANRIO CO.,LTD.
©2017 SANRIO CO.,LTD.
2017.ISBN978-4-7804-1828-6 C2077 Printed in Japan.

メイツ出版ホームページアドレス http://www.mates-publishing.co.jp/
編集長：折居かおる　企画担当：堀明研斗